DÜSSELDORF-GERRESHEIM

NEUE REISE IN DIE VERGANGENHEIT

SUTTON
VERLAG

Thomas Boller und Peter Stegt

Die Reihe Archivbilder

DÜSSELDORF-GERRESHEIM

NEUE REISE IN DIE VERGANGENHEIT

SUTTON
VERLAG

Sutton Verlag GmbH
Hochheimer Straße 59
99094 Erfurt
www.suttonverlag.de

Copyright © Sutton Verlag, 2012
ISBN: 978-3-95400-051-7
Druck: Beltz Bad Langensalza GmbH

INHALTSVERZEICHNIS

DANKSAGUNG
UND BILDNACHWEIS

Unser Dank gilt allen, die uns so tatkräftig beim Zusammentragen der Fotos unterstützt und das nötige Vertrauen entgegengebracht haben, uns ihre Schätze zu überlassen.

Wir möchten besonders Hanno Parmentier danken, der sich wieder viel Mühe bei der Überprüfung der Bildunterschriften gemacht und uns auch auf die eine oder andere unklare Stelle hingewiesen hat.

Tina Butzong danken wir für ihre hervorragenden kulinarischen Kreationen. Der Gedanke an ein leckeres Abendessen hat uns so manches Mal beflügelt!

Weiterhin danken wir: Bürger- und Heimatverein Düsseldorf-Gerresheim 1950 e.V., Förderkreis Industriepfad Düsseldorf-Gerresheim e.V., Kath. Kirchengemeinde St. Margareta, Kolpingfamilie Düsseldorf-Gerresheim, Kulturkreis Gerresheim, Grafenberg und Hubbelrath e.V., Stadtarchiv Düsseldorf, Feuerwehr Düsseldorf.

Die Bilder stammen von folgenden Privatpersonen, Firmen und Institutionen:

Norbert Andernach: S. 40 u., 93 u., 94 o.

Helga und Manfred Aretz: S. 52 u., 53 o.

Edith Beisemann: S. 76 o., 84 u.

Edith Beisemann/Ursel Kühl: S. 76 u., 81

Thomas Boller: S. 108

Dr. Anneliese Dicke: S. 20, 28 u., 29 u., 32 u., 80 u.

Hanna Eggerath: S. 78 u.

Hans Esser: S. 72, 99 o.

Elena Ercolin: S. 100 o.

Feuerwehr Düsseldorf: S. 112 u.

Friedhelm Fresen: S. 30/31, 35, 42 u., 781 o.

Thomas Geier: S. 102 u., 103 o.

Familie Gundlach-Gollenbusch: S. 33

Robert Heß: S. 50 o., 77 u., 79 u., 89 u., 94 u., 100 u.

Manfred Horst: S. 88 o.

Walter Klein: S. 19, 21 u., 51, 79 o., 84 o., 85 o., 96

Archiv Kulturkreis: S. 37 o., 41 o., 83 o., 116/117, 118 o., 119 o., 125 u., 126 o.

Arthur Knab: S. 89 o., 124 u., 101

Gert Klöpper: S. 106

Gerhard Krüll: S. 107

Leonardo Labanca: S. 125 o.

Familie Lupp: S. 46 u., 47, 48 o., 54 o., 104

Theo Neuhaus: S. 82 u., 87, 95, 98 u.

Edgar Peters: S. 40 o.

photo lounge: S. 36 u., 38 u.

Harald Posny: S. 46 o., 90 u.

Rainer Pütz: S. 102 o.

Familie Pufal: S. 12 u., 69 u., 75 o., 78 o., 90 o., 91 u., 103 u.

Pfarrarchiv St. Margareta: S. 9, 10, 11, 12 o., 14, 15, 16, 17, 18, 21 o., 22, 23 o., 24, 25 u., 26, 27, 28 o., 37 u., 38 o., 43, 53 u., 55 u., 56, 57, 58/59, 60, 63, 64, 92, 93 oben, 97, 110

Otfried Reichmann: S. 34, 49 u., 54 u., 67, 68, 114, 118 u., 119 u., 120/121, 122, 123, 126 u.

Margit Ribaric: S. 71, 71 u., 82 o., 88 u., 113 u., 115, 124 o.

Christa Richter: S. 48 u., 50 u.

Jürgen Schneider: S. 73

Gaby und Peter Schulenburg: S. 13 u., 36 o., 61, 62, 80 o., 96

Stadtarchiv Düsseldorf: S. 112 u., 105 u., 109 u.

Birgit Sonneborn: S. 39 u.

Peter Stegt: S. 23 u., 32 o., 39 o., 41 u., 42 o., 44/45, 52 o., 98 o., 111, 112 o.

Helma Wegener: S. 83 u., 85 u., 86, 91, 127

Addi Weyrich: S. 65, 66, 74

Hans Ziebart: S. 75 u.

VORWORT

Liebe Leserin, lieber Leser,

vor zwei Jahren, im September 2010, erschien im Sutton Verlag unser erster Bildband mit historischen Aufnahmen aus Gerresheim. An eine Fortsetzung hatten wir zunächst nicht gedacht, denn wir waren zufrieden, über 200 Fotos zusammengetragen zu haben. Bereits bei den ersten Buchvorstellungen erhielten wir weitere Fotos, woraufhin uns erneut der Ehrgeiz packte. Es folgten viele interessante Treffen und Gespräche mit Menschen, die uns mit viel Elan unterstützt haben. Wie oft wurde uns versprochen: „Ich frage mal bei meiner Nachbarin nach – die hat bestimmt noch alte Fotos." Auf diese Weise entwickelten sich beeindruckende Selbstläufer. Immer wieder wurden uns Fotos vorgelegt, deren Motive uns völlig unbekannt waren oder es tauchten überraschend Aufnahmen von Objekten auf, die als verschollen gegolten haben.

Das vorliegende Buch ist wieder recht „industrielastig": Schornsteine, Fabriken und Arbeiter sind häufig zu sehen. Dies liegt daran, dass die Fotografie zu einem Zeitpunkt populär wurde, als es in Gerresheim noch Ziegeleien, Drahtstiftefabriken und die Glashütte gab. Es ist uns ein Anliegen, das industriekulturelle Erbe Gerresheims gemeinsam mit dem Industriepfad Düsseldorf-Gerresheim e.V. und anderen Vereinen zu bewahren.

Wir starten diesen Bildband mit einem Blick von den Gerresheimer Alpen. Danach folgt ein Spaziergang durch den historischen Ortskern, später geht es weiter in den Norden bzw. Süden des Stadtteils. Die ältesten Fotos stammen von der alten Pfarrkirche, kurz bevor diese im Jahr 1892 abgerissen wurde. Ihr haben wir ein eigenes Kapitel gewidmet. Die Idee zum Kapitel „Schnappschüsse" entstand aufgrund der vielen spontanen Aufnahmen, die uns erreichten. Wir stellten fest, dass früher häufig Fotos vor der Haustür aufgenommen wurden. So entstand das Kapitel „Draußen vor der Tür". Anwesend war dabei nicht nur die Familie, sondern meist kamen auch Nachbarn hinzu, die das Treiben vom Fenster aus bestaunten und so mit im Bild verewigt wurden. Schließlich war damals ein Fototermin, im Gegensatz zu heute, etwas Besonderes. Die Bildreihen dokumentieren Ereignisse aus verschiedenen Perspektiven und zu unterschiedlichen Zeiten. Spannend ist ein Auszug von Aufnahmen aus dem Fotoalbum des Gerresheimer Postverwalters Carl Wewer, die etwa zwischen 1890 und 1920 entstanden. Das Album erschien uns anfangs gar nicht interessant, da uns viele Menschen und Gebäude unbekannt waren. In detektivischer Kleinarbeit konnten wir einige Geheimnisse lüften und die Gegebenheiten rekonstruieren.

Die Fotos der Gerresheimer Feuerwehren – von der Freiwilligen über die Werks- bis hin zur Berufsfeuerwehr dokumentieren das Gerresheimer Feuerwehrwesen. „Industriell" geht es in den weiteren Kapiteln zu: Ziegeleien lieferten Ziegelsteine für die rasant wachsende Stadt Düsseldorf und deren Wohnungsbau. In der Gerresheimer Glashütte wurden über 140 Jahre lang Flaschen und Behältergläser produziert und in die ganze Welt geliefert. Das „G" mit Krone wurde weltbekannt.

Wehmütig mussten wir mehrfach feststellen, dass einige aus heutiger Sicht schützenswerte Gebäude der Abrissbirne zum Opfer gefallen sind. Dies trifft zum Beispiel auf die Glashütten-Arbeitersiedlung „Altstadt" zu. Auf einigen Fotos ist erkennbar, dass die Werkswohnungen einen baufälligen und maroden Eindruck erwecken. Die Siedlung musste Anfang der 1970er-Jahre einem Parkplatz für die Glashütte weichen. Zum gleichen Zeitpunkt sahen die Häuser auf der gegenüberliegenden Straßenseite, der Siedlung „Neustadt", nicht viel besser aus. Heute erstrahlen sie Dank liebevoller und aufwendiger Sanierung in neuem Glanz. Gleiches kann auch vom Gerricusplatz gesagt werden.

Obwohl wir mittlerweile eine Vielzahl historischer Fotos zusammentragen konnten, sind wir davon überzeugt, dass es immer noch verborgene Schätze gibt. Diese müssen „nur" ausgegraben werden. Dafür reicht manchmal schon der Blick ins eigene Fotoalbum. Wir würden uns über jedes weitere alte Foto freuen. Die einfachste Möglichkeit, mit uns Kontakt aufzunehmen, ist unsere E-Mail-Adresse: alte-fotos-aus-gerresheim@web.de.

Oder Sie senden dem Verlag eine kurze Information, die dann an uns weitergeleitet wird.

Wir wünschen Ihnen nun viel Vergnügen bei Ihrer Zeitreise durch Gerresheim.

Thomas Boller und Peter Stegt

1

PANORAMA
DER BLICK VON DEN GERRESHEIMER ALPEN

Damals bot der noch unbewaldete Hügel – von den Gerresheimern gerne als Gerresheimer Alpen bezeichnet – eine hervorragende Weitsicht über den Ort. Mehr als 120 Jahre liegen zwischen den ersten bekannten Fotos und heute. Eindrucksvoll dokumentieren die alten Aufnahmen den Wandel des Ortsbildes.

Blick im Jahr 1913 über das alte Gerresheim: Schornsteine weisen auf die ansässige Industrie hin, der Kirchturm überragt alles. In der Bildmitte zwischen den Bäumen liegt die Villa Dreher mit ihrem Park. An der Keldenichstraße (Bildrand rechts) stehen nur wenige Häuser. Das imposante Gebäude links ist die im gleichen Jahr neu eröffnete katholische Schule Unter den Eichen.

Diese vor 1892 datierte Aufnahme zeigt links neben der Kirche St. Margareta die ehemalige Pfarrkirche. Bei der Villa Dreher handelt es sich um einen Vorgängerbau. Längst sind die Schornsteine zu einem festen Bestandteil des Ortsbildes geworden. Ansonsten wirkt Gerresheim noch sehr beschaulich.

Blick im Jahr 1906 auf die Freiflächen hinter dem Quadenhof. Heute befinden sich hier Kleingärten. Neben den Schornsteinen der Drahtziehereien Dreher und von Gahlen zeigt die Baumgruppe links im Hintergrund den Standort des Gerresheimer Friedhofs, der von 1807 bis 1906 an der heutigen Dreherstraße lag.

Die langgestreckte Häuserreihe in der Bildmitte sind die „12 Apostel" genannten Armenhäuser am Steinweg. Im Hintergrund steht das wuchtige Gebäude der Schule Unter den Eichen. In der Ferne ragen schemenhaft die Schornsteine der Düsseldorfer Industrie in die Höhe.

Hier stand der Fotograf am Hang des Waldfriedhofs. Der Turm der ehemaligen Stiftskirche beherrscht das kurz nach der Eröffnung des Friedhofs im Jahr 1906 entstandene Foto.

Die spätere Quadenhofstraße ist gut zu erkennen. Wo auf der gegenüberliegenden Straßenseite das Tor eines Fußballplatzes zu erkennen ist, befindet sich heute der Kleingartenverein Hambach'sche Wiese.

Blick vom Taubenberg auf die Gerresheimer Glashütte. Der alte Wasserturm mit dem markanten Gerrix-„G" zeigt, dass das Foto vor dem Jahr 1964 aufgenommen wurde. Der Blick heute von der gleichen Position aus offenbart ein fast vollständig abgeräumtes Gelände.

2

DER HISTORISCHE ORTSKERN
RUND UM DIE BASILIKA

Stift und Kirche sind der Ursprung Gerresheims. Die folgende Bildauswahl spiegelt den Bereich innerhalb der alten Stadtmauer wider. Während die Ansichten des vorherigen Kapitels den Ort eher romantisch erscheinen lassen, wird nun ein detaillierteres Bild gezeigt. So haben manche Gebäude und Plätze erst in jüngerer Zeit an Flair gewonnen.

Bei den Bauarbeiten für das Pflege- und Altenheim „Gerricusstift" im Jahr 1988 stießen die Bauarbeiter auf mittelalterliche Fundamente und Mauerreste von Wohnhäusern, in denen einst Stiftsdamen wohnten. Die ehrenamtlichen Bodendenkmalpfleger Gaby und Peter Schulenberg entdeckten die Fundstelle und begleiteten die Ausgrabungen. Die Funde können heute, nach Absprache, im Speisesaal besichtigt werden.

Ein stolzer Fabrikant im Park seiner Villa direkt gegenüber der Kirche: Vor dem schmiede-eisernen Gitter steht Achilles Dreher, Sohn des Fabrikgründers Ignaz Dreher. Das Bild stammt aus den 1910er-Jahren.

Ein Blick in die gepflasterte Gräulinger Straße, 1936. Der alte Bau rechts und die Gebäude der Dreher-Fabrik sind inzwischen aus dem Stadtbild verschwunden. Links ist das von Pfarrer Peter Lindlar eingerichtete katholische Vereinshaus zu sehen, in dem sich auch eine Gaststätte befand. Hier gab es Schlösser Alt.

Der Drahtstiftefabrikant Ignaz Dreher ließ neben seiner Villa an der Gerricusstraße einen kleinen Park anlegen. Neben einem Teich befand sich dieser kleine Aussichtspunkt. Heute steht hier eine Stele des Industriepfades Düsseldorf-Gerresheim, die an die Vergangenheit dieses Ortes erinnert. Es ist geplant, die Parkanlage nach dem damaligen Vorbild wiederherzustellen.

Hinter dem Stiftsgebäude an der Gerricus-straße hat sich das Bild in den vergangenen 70 Jahren mehrfach verändert. Die Mauer stand noch vor dem länglichen Backsteinbau, in dem zuerst ein Alten-, später ein Jugendheim und im hinteren Bereich der katholische Kinder-garten untergebracht waren. 2008 wurde der Komplex abgerissen, das Gelände lag mehrere Jahre brach.

Auch 2012 ist dieser Anblick noch aktuell: Auf dem Gelände vor dem hier noch unsanier-ten Stiftsgebäude entstanden später ein Kindergarten und ein Altenheim, das danach zum Jugendheim umfunktioniert wurde. Nach 2008 war, wie hier in den 1930er-Jahren, ein freier Blick vom Pillebach auf das kirchliche Ensemble möglich. Heute steht dort ein Neubau.

Das einzig bekannte Foto von der Orgelempore über dem Westportal der Kirche St. Margareta. Im Vordergrund ist der Gerricussarkophag zu sehen. Die Perspektive ist ungewöhnlich, da in der Regel von der Empore aus fotografiert wurde.

Spielende Kinder vor der Basilika. Im Vordergrund die Reste der alten Michaelskapelle, die in Mittelalter und Früher Neuzeit durch ein Atrium mit der Stiftskirche verbunden war. Heute steht hier ein Neubau, in dem ein italienisches Restaurant Köstlichkeiten anbietet.

Der entgegengesetzte Blickwinkel zeigt 1936 am linken Bildrand die Gaststätte „Zum Löwen", die einigen Gerresheimern sicherlich noch in guter Erinnerung ist. Bier wird hier schon lange nicht mehr ausgeschenkt. Ein Fotofachgeschäft, die „photo lounge" befindet sich nun in diesen Räumlichkeiten. Die Druckerei Höltgen gibt es ebenfalls schon lange nicht mehr, ein Geschäft für Wolle hat hier Einzug gehalten.

Blick vom Flachsmarkt in Richtung Kölner Tor. Das im Hintergrund weit vorragende Gebäude ist die Gaststätte „Zum Rosenbaum", die 1944 durch einen Bombentreffer zerstört wurde.

Dank aufwendiger Renovierungsarbeiten sehen die Häuser rund um den Gerricusplatz heute viel schöner aus als in den 1950er-Jahren. Durch die große Toreinfahrt geht es zur ehemaligen Wasserburg Quadenhof.

Was hat dieses Foto mit Gerresheim zu tun? Der Fotograf Walter Klein nahm für ein Schallplattencover des Albums „Musik deutscher Zigeuner" den Musiker Schnuckenack Reinhardt auf dem Gerricusplatz auf. Walter Klein, der im Jahr 2012 verstarb, hatte mehrere schöne Fotos für den ersten Bildband „Düsseldorf-Gerresheim" des Sutton Verlags beigesteuert.

Am östlichen Ende des Alten Marktes stand dieses Haus, bis es 1956 abgerissen wurde. Auf der Mauer rechts daneben stand einer der beiden steinernen Gerichtslöwen. Dieser befindet sich heute auf dem Mauervorsprung eines Neubaus an gleicher Stelle.

Ein ungewöhnlicher Blick: Das auf dem vorherigen Bild zu sehende Haus am Alten Markt ist nun abgerissen und gibt den Blick auf den Quadenhof frei.

Der Alte Markt in den 1930er-Jahren mit Kriegerdenkmal und altem Markthäuschen. Hier konnten Utensilien der Verkaufsstände gelagert werden. Im Hintergrund ist wieder die Gaststätte „Zum Rosenbaum" zu sehen.

Jahrzehnte später hat sich das Bild geändert. Autos parken auf dem ehemaligen Marktplatz, der alte „Rosenbaum" ist nach der Zerstörung im Krieg einem Neubau gewichen.

Diese Sicht kennen wir noch heute, nur die Gebäudenutzung hat sich geändert. In den Räumlichkeiten des Motor- und Fahrradhauses Breuer hatte später Hans Breuer sein Fachgeschäft für Modelleisenbahnen. Im Restaurant „Zum Quadenhof" wurde Düsseldorfer Schwabenbräu serviert. Bald wird in beiden Gebäuden Füchschen Alt ausgeschenkt werden.

Dort, wo einst dieses unscheinbare Gebäude stand, befindet sich heute der nach dem Düsseldorfer Widerstandskämpfer und Ehrenbürger Alois Odenthal benannte Platz. Am linken Bildrand steht das alte Pfarrhaus, das Haus auf der rechten Seite beherbergte vor Jahren das Gourmetrestaurant „Canonicus".

Die alte „Gaststätte Peters" am Neusser Tor, noch mit Turmhaube. Die Tankstelle rechts daneben gibt es schon lange nicht mehr. Heute werden hier an Markttagen frische Waren angeboten. An der Ecke zur Speestraße befand sich damals die Stadtsparkasse.

Einige Zeit später hat sich das Umfeld verändert. Ein Neubau beherbergt die Deutsche Bank. Im Zentrum dieses Bildes aus dem Jahr 1969 ist an der Ecke Benderstraße/Am Poth das Möbelhaus Richrath zu sehen.

Einige Jahre diente dieses von dem Architekten Alois Odenthal sanierte Fachwerkhaus unter dem Namen „Canonicus" als erstklassiges Restaurant. Die Aufnahme aus den 1940er-Jahren zeigt das Haus in unrenoviertem Zustand. Links daneben gab es eine Tankstelle, lange Zeit auch eine VW-Werkstatt. Heute wird das Gebäude wieder als Wohnhaus genutzt.

Ein seltenes Bild: Wo heute ein Riegelbau den Blick versperrt und die Straßenbahn in den Wallgraben einfährt, stand 1908 eine der drei alten Kaplaneien der Pfarrei St. Margareta. Sie dienten ursprünglich als Wohnhäuser der Vikare und Kanoniker des Stifts. Heute steht nur noch der ehemalige „Canonicus".

3

ST. MARGARETA

DIE IN VERGESSENHEIT GERATENE PFARRKIRCHE

Über Jahrhunderte feierten die Gerresheimer den Gottesdienst nicht in der Stiftskirche St. Hippolyth, der heutigen Basilika, sondern direkt nebenan in der Pfarrkirche St. Margareta. Bei den Recherchen zu diesem Buch kamen Fotografien zum Vorschein, die das Gotteshaus von außen und innen zeigen. Bodenplatten, die den Umriss wiedergeben, sowie eine Gedenkplatte halten die Erinnerung an die alte Pfarrkirche wach.

Bis zu ihrem Abriss 1892 stand die alte Pfarrkirche der Basilika zur Seite. Heute steht auf dem hinteren Teil des Grundstücks das Aloysianum.

Kurz vor ihrem Abriss wurde die alte Pfarrkirche St. Margareta fotografisch dokumentiert. Nur wenige Aufnahmen davon sind erhalten geblieben. Die Rundbogenfenster, hier die Nordfassade, erinnern an den ehemaligen Sakralbau.

Der Blick auf die gleiche Fassade, nun aus der Gegenrichtung. Das Patrozinium der 1810 aufgegebenen Pfarrkirche wurde auf die Stiftskirche übertragen. Aus St. Hippolyth wurde St. Margareta.

Die ehemalige Kirche war zum Schluss in einem denkbar schlechten Zustand. Der zugemauerte Rundbogen zeigt, wo die Apsis an die Pfarrkirche anschloss. Wie damals üblich, stand ein Plumpsklo außerhalb des Gebäudes.

Die einzig bekannte Aufnahme vom Inneren der alten Pfarrkirche. Zuvor befanden sich im Erdgeschoss eine Schule und darüber die Wohnräume des Lehrers. Wie der Altar und die Verzierungen zeigen, blieb der sakrale Charakter bis zum Schluss erhalten.

Die ehemalige Stiftskirche beherrscht dieses Bild aus der Zeit um 1890. Der aufmerksame Betrachter sieht links die Fassade der Drahtstiftefabrik und daneben die erste Villa Dreher; rechts die alte Pfarrkirche. Wo ihr Eingang zu sehen ist, schloss früher deren Westwerk mit Glockenturm an.

4

EIN SPAZIERGANG VON DER HEYESTRASSE ZUR HARDT

ZEITREISE DURCH DAS ALTE GERRESHEIM

Ein Spaziergang durch (das alte) Gerresheim lohnt sich immer – auch fotografisch. Von der Heyestraße bis auf die Hardt führt unser Weg. Viel hat sich verändert: Einige Geschäfte, Häuser und Straßenverläufe gibt es schon lange nicht mehr. Sie existieren nur noch im Gedächtnis derjenigen, die sie erlebt haben – und auf Fotos.

Der alte Eingang zum Gerresheimer Waldfriedhof mit Blick in Richtung Quadenhofstraße.

Dort, wo Arthur Haak Mitte der 1980er-Jahre Lebensmittel verkaufte, befindet sich seit 2005 das „Kultureck Otto Zwo", ein Raum für Kunstausstellungen. Ein Blick in die Schaufensterauslage könnte den Eindruck vermitteln, dass Arthur Haak sich auf Waschmittel spezialisiert

hatte. Während es die meisten davon noch heute zu kaufen gibt, sieht es bei den Biersorten anders aus.

Die „Gaststätte Jägerhaus" an der Heyestraße schenkte ihren Gästen um 1930 noch Dieterichs Bier aus. Das Lokal ist seit einiger Zeit geschlossen. Daneben befand sich eine Tankstelle. Auf dem Gelände werden heute Gebrauchtwagen angeboten.

Einer von mehreren Gerresheimer Bildstöcken, die während der seit dem 15. Jahrhundert nachweisbaren Prozessionen als Wegestation dienten. Dieser hier stand in der Einmündung Heyestraße/Künnestraße. Der letzte Zeuge dieser Tradition befindet sich heute vor dem Pfarrbüro an der Gerricusstraße.

Kohlen, Heizöl und Autotransporte gab es bei Grundlach-Gollenbusch an der Heyestraße/ Ecke Friedrich-Wilhelm-Straße.

Blick in den Hof, 1962: Eine Brikettlieferung wird gerade vom Hänger abgeladen und in Säcke abgefüllt.

Nur wenigen Gerresheimern dürfte noch bekannt sein, dass es an der Heyestraße, gegenüber der Dörpfeldstraße, eine Kaffee-Rösterei gab. In den Gebäuden der Hansa Asphalt-, Pappen- und Papierfabrik GmbH von 1914 befand sich ab 1938 die Kaffee-Großrösterei Aeone, auch bekannt als „Drei Mann-Kaffee". Die Rösterei von Friedrich Wilhelm Quadfasel existierte bis ca. 1952.

Tausende trinken täglich Aeone-Kaffee. Bei den Damen war angeblich besonders „Aeone Schwarz-Gold" beliebt.

In dem heruntergekommenen Haus links, am Anfang des Kölner Tors, befindet sich heute das italienische Feinschmecker-Restaurant „Saltimbocca". Das Haus wurde renoviert, der Fassadenschmuck erhalten. Ungewöhnlich, wie beide Häuser miteinander verwachsen zu sein scheinen. Ein Fotogeschäft gibt es im Nachbarhaus auch heute.

An der Märkischen Straße befand sich bis vor wenigen Jahren die kleine, aber feine Bäckerei Rommerskirchen. Die Fassade ist heute im unteren Bereich verklinkert, in den Räumen der Drogerie Sistermann befindet sich nun ein Büro. Links neben der Bäckerei hängt ein Reklameschild des „Drei Mann-Kaffees".

Der alte Opel Olympia Rekord (Baujahr ca. 1956/57) parkt auf der Gräulinger Straße. Das Umspannhäuschen steht heute noch. Die Feuerwache gab es zum Zeitpunkt der Aufnahme noch nicht. Wer genau hinschaut, erkennt ein wenig links vor der Kirche die Villa Dreher und daneben den Turm der Wasserburg Quadenhof.

Der Derner Hof war der größte Hof des Gerresheimer Stifts und ist seit dem 13. Jahrhundert urkundlich nachweisbar. Das Gebäude, hier eine Aufnahme von 1958, wurde später durch Neubauten ersetzt; es befand sich im Bereich der Straße Am großen Dern.

Die alte Kaplanei an der Gräulinger Straße wurde am 22. März 1945 durch eine Bombe zerstört. Dabei kamen mehrere Menschen, darunter der Kaplan Georg Oberscheven, ums Leben. An gleicher Stelle, gegenüber der Feuerwache, wurde eine neue Kaplanei errichtet.

Wohnhäuser an der Ecke Gräulinger-/Keldenichstraße im Jahr 1937. Vielleicht kommt der Herr im Anzug gerade aus den Arbeiterhäusern der Fabrik Dreher, die am linken Bildrand erkennbar sind.

Das Möbelhaus Richrath wird einigen Gerresheimern sicherlich noch bekannt sein. Dort, wo sich heute ein Geschäft für Mode und Haushaltstextilien befindet, wurden bis in die 1970er-Jahre Möbel und Einrichtungsgegenstände verkauft. In dem Pavillon hinter dem alten VW-Bus war das beliebte „Eiscafé Stein".

Warum das Dach in der Bildmitte auf der Keldenichstraße beschädigt ist, ließ sich nicht herausfinden. Der Opel Rekord am linken Bildrand weist darauf hin, dass die Aufnahme frühestens 1957 entstanden ist. Ein – mehr als zehn Jahre alter – Kriegsschaden ist also unwahrscheinlich.

1924 waren die Häuser auf der Metzkauser Straße gerade neu gebaut. Im Haus Nummer 50 wohnte Familie Sonneborn. Die Aufnahme zeigt, wie kinderreich die Familien damals waren. In den vergangenen Jahren hat sich die Straße gemausert; viele der in die Jahre gekommenen Häuser wurden liebevoll saniert.

Das Bild zeigt nochmals die Tankstelle an der Ecke Bender-/Dreherstraße. Der „Rheinische Hof" wird gerade renoviert. Heute befindet sich hier ein gleichnamiges Hotel, daneben die Gaststätte „Bogart's". Strauß präsentiert Anfang der 1960er-Jahre Damenwäsche im Schaufenster.

Einige Meter weiter waren in den 1950er-Jahren der Obst- und Gemüsehändler Keusen und der Metzger Sweekhorst ansässig. Die Metzgerei heißt heute Springwald, der Laden nebenan bietet nun Deko- und Geschenkartikel an.

An der Ecke Bender-/Regenbergastraße stand dieses Haus bis 1975. Hier wohnte in seinen Kinderjahren der Gerresheimer Schriftsteller Wilhelm Schäfer, dessen Eltern eine Bäckerei betrieben.

Im Haus Benderstraße 53 befindet sich noch heute ein Friseursalon, bis 1994 unter dem Namen „Salon Walter". Das Foto entstand 1978, als der Friseurmeister Norbert Stegt das Geschäft übernahm.

Das Foto entstand Ende der 1920er-Jahre. Die Reklame an den Geschäften ist unaufdringlich, Markisen säumen die Benderstraße. Den Schatten auf dem Kopfsteinpflaster wirft die heutige Hanna-Zürndorfer-Schule.

Die Gaststätte „Auf der Hardt", die frühere „Restauration zur Landwehr", befand sich an der oberen Benderstraße. Äußerlich hat sich das Gebäude, hinter dem sich der legendäre Louisensaal befand, kaum verändert. Seit vielen Jahren serviert hier das italienische Restaurant „Lerose" Köstlichkeiten.

Nur unwesentlich hat sich dieser Anblick auf der Hardt geändert: Lediglich einige Neubauten im Hintergrund zeugen heute von der späteren Entwicklung. In den 1980er-Jahren produzierte hier der Walter-Rau-Verlag unter anderem Schriften für den WDR.

Der Blick geht von der Benderstraße in Richtung Zentrum. Die Häuser auf der rechten Seite mit den schönen Fassaden stehen noch, links ist die Bebauung heute deutlich dichter.

In den 1920er-Jahren trafen die ersten Automobile auf die herkömmlichen Pferdefuhrwerke. Die Benderstraße ist noch komplett gepflastert, Parken in zweiter Reihe war kein Thema.

Nach einem Bombenangriff am 2. November 1944 bot sich auf der Akazienallee ein Bild des Grauens. Zwei Häuser auf der linken Seite wurden komplett zerstört. In den Kellern konnten mehrere Menschen nur noch tot geborgen werden.

In diesem Haus wohnte und arbeitete der Kohlenhändler Joseph Königs. Mit einer Pferdestärke belieferte er um 1910 von der Pfeifferstraße aus seine Kundschaft.

Auf der Ecke Sonnborn-/Pfeiffer-straße befand sich eine Bäckerei, auf die heute nur noch das zugemauerte Schaufenster an der Pfeifferstraße hindeutet. Ungefähr in Höhe der Mülltonne ist auf der Hauswand ein weißer Pfeil zu erkennen, der einen ehemaligen Luftschutzkeller ausweist. Ganz schwach ist der Pfeil noch heute sichtbar.

Gegenüber der Bäckerei befand sich das Lebensmittelgeschäft von Hermann Arians. Der Eck-eingang ist schon lange zugemauert, im Laden hat heute Dr. Rack seine Praxis. Links neben dem Haus stand bis Ende der 1990er-Jahre die Autowerkstatt und spätere Garage. Dort, wo damals „Deutsche Kraftstoffe" verkauft wurden, befindet sich heute ein modernes Mehrfamilienhaus.

Hermann Arians mit Schürze und Krawatte in seinem Laden. Vor ihm im Schaufenster ist ein Teil seines Sortiments aufgereiht.

Am 22. April 1944 wurde das Haus Torfbruchstraße 129 von einer Bombe getroffen. Ein Teil der Fassade ist eingestürzt, so dass ein freier Blick in das möblierte Zimmer in der ersten Etage gewährt wird. Das Coca-Cola-Schild mag erstaunen und an dem Aufnahmedatum zweifeln lassen. Das Getränk gab es in Deutschland aber bereits seit 1929. Während des Krieges wurden die Rohstoffe für das Getränk allerdings knapp, was wiederum zur Entwicklung der Fanta führte.

5

DRAUSSEN VOR DER TÜR

GERRESHEIMER VOR IHREN
HÄUSERN UND GESCHÄFTEN

Egal ob Geschäftsleute, Handwerker oder Familien: Gerne wurde das Haus, in dem man wohnte und häufig auch arbeitete, als Hintergrundmotiv verwendet. Davon profitierten meist die Nachbarn. Am Fenster posierend wurden sie mit abgelichtet.

Alfred Foit war Friseurmeister und nebenbei Dichter. Auf dem Foto steht er Anfang der 1920er-Jahre in der Eingangstür seines Ladens, der sich neben der Restauration „Zum Falken" an der heutigen Glashüttenstraße befand. Dort war er mindestens bis 1939 gemeldet. Später traten beide Töchter in seine Fußstapfen. Hier ist noch heute ein Friseurgeschäft. Der immer hübsch dekorierte Laden trägt seit vielen Jahren den klangvollen Namen „Lockentheater".

An der unteren Heyestraße reihte sich immer schon ein Geschäft an das andere. Im Haus Nummer 126 hatte Karl Droll seinen Damen- und Herrensalon und Carl Schmitz die Schuhmacherei. Beide Geschäfte gibt es schon lange nicht mehr, die Gaststätte heißt heute „Zum Salamander".

An der Torfbruchstraße 129 gab es die Bäckerei Jakob Landschein und die Metzgerei Ludwig Decker. Vor dem Geschäft stehen 1912 in der Eingangstür Frau Decker und Frau Landschein, davor Jakob Landschein jun., Willi May, Käthe Könen, Luzie und Willy Landschein, vor dem Schaufenster Jakob Landschein sen. und Hannes Dünnwald.

Schuhmachermeister Josef Schmitz steht hier stolz mit seiner Familie vor seinem Geschäft in der Heyestraße. Das Plakat im Schaufenster informiert: „Nur um zu räumen, diese staunend kleinen Preise!" Nebenan befand sich die Hauderei und Kartoffelhandlung von Gottlieb Manns. Unter einer Hauderei verstand man damals ein Unternehmen, das mit Fuhrwerken Güter und Waren transportierte.

An der Einmündung der Straße Unter den Eichen in die Heyestraße, wo heute chinesisch gekocht wird, servierte in den 1920er-Jahren die „Schankwirtschaft Peter Sieberath" Düsseldorfer Bürgerbräu Pilsener. Wirt und Hund posieren im Eingang, die geöffnete Bierrutsche rechts deutet auf eine soeben erhaltene Lieferung hin.

Wie die Orgelpfeifen stehen die Kinder der Familie Moll um 1920 vor dem Eingang der Dreherstraße 23. Ein Foto war zu dieser Zeit noch ein Großereignis. Weitere Frauen, Kinder und sogar ein Hund stellten sich ans Fenster, um die Szene mitzuerleben.

In der Nachbarschaft auf der Dreherstraße bot sich dem Fotografen etwa zur selben Zeit der gleiche Anblick. Die Hausnummern 21 bis 27 wurden damals „Schokoladenhäuser" genannt, da ihre Fassaden braun gestrichen waren.

In dem Haus am Kölner Tor 20 befindet sich noch heute eine Bäckerei. Mindestens bis 1904 wohnte und arbeitete hier der Konditor Carl Hellingrath. Wie die Aufnahme zeigt, gehörte die Konditorei in den 1920er-Jahren Jacob Wagner. Das Schild mit der Aufschrift „Kaffeewasser 5 Pfg." ist nachträglich einmontiert worden. Es handelt sich um einen Hinweis für Pilger, die hier ihren mitgebrachten Kaffee aufbrühen lassen konnten.

Ein weiteres Foto, auf dem Hermann Arians gemeinsam mit seiner Familie und Angestellten vor seinem neu eröffneten Lebensmittelgeschäft an der Ecke Pfeifferstraße/Sonnbornstraße zu sehen ist.

Das Foto hat etwas Tragisches: Ruhig steht das Pferd auf der Morperstraße vor der Rossschlachterei von Fritz Scharrenberg. Pferdefleisch galt damals als „Arme-Leute-Fleisch". Bei Rennen auf der Grafenberger Rennbahn waren stets ein Pferdemetzger und ein Veterinärarzt anwesend. So konnten verletzte Pferde notgeschlachtet und das Fleisch dem Verkauf zugeführt werden.

6

DAS KAISERLICHE POSTAMT UND SEIN POSTVERWALTER

EIN FACETTENREICHES FOTOALBUM

Carl Wewer war zwischen 1884 und 1913 der Postverwalter des kaiserlichen Postamts zu Gerresheim. Ein Fotoalbum gewährt uns facettenreiche Einsichten in sein Leben und das seiner Familie und Mitmenschen sowie in den Alltag Gerresheims etwa zwischen 1890 und 1920.

Der Postverwalter Carl Wewer und seine Familie – um 1900 wurde dieses beeindruckende Foto in seinem Garten aufgenommen. Bis auf Carl Wewer, in der hinteren Reihe links, kennen wir niemanden mehr namentlich. Der Mann rechts könnte ebenso ein Bruder wie auch ein Schwager sein; die schwarz gekleidete Dame in der Mitte ist vielleicht seine Mutter.

Die alte Gerresheimer Post an der Poststraße 8, der heutigen Keldenichstraße zwischen Neunzig- und Gräulinger Straße. Über dem Hauseingang hängt ein Schild mit Reichsadler und dem Schriftzug „Kaiserliches Postamt".

Wie einige bauliche Änderungen und vor allem die Antennenanlage zeigen, muss dieses Foto der Post einige Jahre später aufgenommen worden sein. Am 22. März 1945 wurde das Haus durch eine Bombe in Mitleidenschaft gezogen und später abgerissen.

Im Garten des Postverwalters wurden offensichtlich gerne Familienfotos aufgenommen. Zwischen dem zuvor gezeigten Foto und diesem liegen vermutlich einige Jahre. Der Hausherr ist ergraut, die Kinder sind größer, einige schon fast erwachsen.

Der Postverwalter betrieb nebenbei eine Imkerei. Das kleine, hübsch verzierte Gebäude befand sich im Garten hinter der Post. Die Einfluglöcher für die Bienen sind nummeriert. Hoffentlich waren die Tiere zahlenkundig.

Gemeinsam mit einigen Familienmitgliedern bot Herr Wewer seinen Honig auf einem „Bienenstande" zum Verkauf an. Womöglich stammten die Honiggläser aus der Gerresheimer Glashütte.

Vom
Bienenstande
des
Postverwalters **Wewer**
in
Gerresheim

Das Innere der Imkerei. Carl Wewer ließ sich bei der Arbeit ablichten. Hinter den ordentlich beschrifteten Klappen befinden sich die Honigwaben.

Die Pläne und das Modell auf dem Tisch deuten darauf hin, dass sich der Kirchenrat der Pfarrei St. Margareta gerade mit den zwischen 1874 und 1890 vorgenommenen Restaurierungsarbeiten an der Kirche beschäftigt. Am Tisch links sitzt der damalige Pfarrer Jakob Schlecht, rechts der Industrielle Heinrich Frieding. Links in der Mitte steht Postverwalter Carl Wewer.

7

BILDERREIHEN

GERRESHEIMER EREIGNISSE
AUS VERSCHIEDENEN PERSPEKTIVEN

Bei großen Ereignissen wurde aus den unterschiedlichsten Perspektiven fotografiert. Dabei entstanden ganze Bilderreihen, die Feiern, Jubiläen, Arbeit und Sportliches dokumentieren und einen detaillierten Einblick in deren Ablauf ermöglichen.

Die Beerdigung von Pfarrer Peter Lindlar im März 1941. Der aufgebahrte Sarg steht in St. Margareta, im Hintergrund der Hochaltar mit seinem alten Aufbau.

Nach dem Gottesdienst schreitet der Trauerzug – hier auf dem Gerricusplatz – in Richtung Waldfriedhof.

Der Weg führte über Steinweg und Quadenhofstraße. Im Hintergrund ist der Quadenhof schemenhaft zu erkennen. Geistliche und weltliche Honoratioren begleiteten den Zug.

Die nächste Bilderfolge ist im Rahmen der 700-Jahr-Feier der Stiftskirche im September 1936 entstanden. Die Nationalsozialisten wussten dieses Ereignis gegen den Willen des damaligen Pastors Peter Lindlar propagandistisch auszunutzen. Ein Triumphbogen und Hakenkreuzfahnen sollten die Besucher willkommen heißen.

Ein Teil der Festlichkeiten mit Konzerten und Ansprachen fand rund um die ehemalige Stiftskirche statt.

Mehr Kontrast geht nicht: auf der Straße weiß gekleidete Kinder, Braunhemden vor dem Rathaus, im Vordergrund christliche Symbolik, am Weg Hakenkreuzfahnen.

Höhepunkt der kirchlichen Feierlichkeiten war ein Pontifikalamt am 27. September, zu dem auch der Kölner Weihbischof Dr. Wilhelm Stockums angereist war. Hier zieht die Geistlichkeit gerade aus der Kirche. Das Foto entstand an der Gerricusstraße.

1951 wurde der Kirchturm neu gedeckt. Auf dem Bild ist er bereits eingerüstet und das alte Kreuz auf der Spitze ist noch zu sehen.

Kurz bevor der neue Wetterhahn auf dem Turm installiert wurde, gab es eine Feier im Gasthaus „Zum Quadenhof".

In luftiger Höhe bearbeiten zwei gutgelaunte Dachdeckerinnen auf dem Kirchturm mit einem Schieferhammer die Schieferplatten.

Die vergoldete Kugel, die heute auf dem Kirchturm zu sehen ist, besteht aus zwei Hälften. Diese halten die beiden Herren vor sich und haben sichtlich Spaß dabei.

Kaum vorstellbar, dass sich in Gerresheim „Deutschlands schwerste Rennstrecke" befand. „In der Hölle" befand sich am Hügel an der Quadenhofstraße, gegenüber von Otto- und Hardenbergstraße. Mit viel Aufwand wurde hier 1953 eine Moto-Cross-Strecke errichtet.

1. MOTO-CROSS

IN

DÜSSELDORF-GERRESHEIM

auf Deutschlands s c h w e r s t e r Rennstrecke

„In der Hölle"

Ausländische Spitzenfahrer am Start

Pfingstmontag, 25. Mai 1953

Start: 14 Uhr

V e r a n s t a l t e r :
Club für Motorsport e. V., Düsseldorf A D A C
Geschäftsstelle: Mendelssohnstraße 12

Enormer Andrang herrschte am Pfingstmontag 1953. Dicht an den Zuschauern vorbei donnerten die Geländemaschinen über die hügelige und kurvenreiche Strecke.

Die damaligen Moto-Cross-Maschinen glichen aus heutiger Sicht eher Straßenmaschinen mit Stollenbereifung. Absperrungen zum Schutz der Zuschauer gab es 1953 noch nicht.

Nach nur zwei Veranstaltungen wurden die Rennen wieder eingestellt – „In der Hölle" verursachte einen Höllenlärm, der zu massiven Anwohnerbeschwerden führte. Stellenweise ist die ehemalige Rennstrecke noch erkennbar. Wer mag, kann sie ja mal mit dem Fahrrad nachfahren.

8

SCHNAPPSCHÜSSE

MAL EBEN AUF DEN AUSLÖSER GEDRÜCKT

Genau im richtigen Moment war der Fotoapparat dabei. Wie aus der Hüfte geschossen wirken die Aufnahmen, die uns von witzigen, zufälligen oder spontanen Situationen erzählen.

Aufnahme mit Seltenheitswert: Der Fotograf lichtet sich selbst ab. Georg Pufal nutzt den Einkauf beim Metzger Herold auf der Heyestraße, um sich mit seiner Kodak Retina S zu fotografieren. Seine Frau Else dreht sich amüsiert um.

Eindrucksvoll sorgte Margit Winkelmann (heute Ribaric) Mitte der 1950er-Jahre mit dem Revolver „für Zucht und Ordnung" in der Siedlung Neustadt. Der junge Mann links und Roswitha Paschender halfen ihr dabei.

Margit Winkelmann hat den Revolver gegen einen Fotoapparat getauscht und Oma Hilde Blum aufgenommen. Diese posiert auf der Kreuzung Porta- und Teutoburgstraße. Das in der Bildmitte quer stehende Haus gehörte zur Siedlung Altstadt. Ein heutiges Foto aus gleicher Perspektive würde im Hintergrund den Parkplatz neben dem einstigen Haupteingang der Glashütte zeigen.

Lässig auf ihren Feuerstühlen sitzend, den Gashahn fest im Griff, warten die beiden „Easy Rider" auf eine Lücke, um synchron auf die Morper Straße abzubiegen. Mit 25 km/h und wehenden Haaren – die Helmpflicht für Mofas gab es Anfang der 1980er-Jahre noch nicht – geht es dann rasant an dem auf dem Bürgersteig geparkten Opel Manta A vorbei.

Margit Winkelmann und Roswitha Paschender warten mehr oder weniger freudestrahlend darauf, auf dem Schlitten in Richtung Sandberg gezogen zu werden. Margit kann es kaum abwarten, dass Roswitha wieder absteigt.

Der blondgelockte junge Herr lässt sich stolz mit den drei im Partnerlook gekleideten und perfekt frisierten Grazien ablichten. Dass das Foto an der Märkischen Straße vor dem Mitte der 1990er-Jahre abgerissenen Schwimmbad entstand, geht völlig unter.

Familie Hans Esser bei einem Sonntagsspaziergang an der Heyestraße in Höhe des Amtsgerichts.

Jürgen Schneider war der Inbegriff des Gerresheimer Lausbuben. Die Hände tief in den Taschen versenkt und den großen Löffel griffbereit, stellt er sich jeder Herausforderung. Später hat er lange Zeit in der Glashütte gearbeitet. Das Lausbübische hat er sich bewahrt.

Dieser Findling steht auf den Gerresheimer Höhen. Die Nationalsozialisten legten dort in den 1930er-Jahren einen sogenannten Thingplatz an und hielten Propagandafeiern ab. In den 1950er-Jahren suchten die vier Jungs den Ort gerne für friedliche Spiele auf. Auf dem Stein sitzen Bruno Herfurtner, dahinter Gerd Delaveaux. Unten stehen Addi Weyrich und Hans Werner Martenka.

Schnappschuss bei einem Spaziergang auf den Gerresheimer Höhen. Im Hintergrund ist der Fernmeldeturm zu erkennen, der damals noch mit diversen Antennen versehen war. In Zeiten von Satelliten- und Kabelfernsehen wurden diese überflüssig, sodass heute nur ein paar moderne Mobilfunkantennen übrig geblieben sind.

Das Kriegsgefangenenlager und -lazarett Gerresheim befand sich in der Nähe der heutigen Kriegsgräberstätte „Am Gallberg". Hauptsächlich sowjetische Kriegsgefangene kamen hier aufgrund der menschenunwürdigen Bedingungen ums Leben. Nach dem Krieg dienten die Baracken als Altenheim. Im Sommer 1959 hat der Gerresheimer Kaplan Gustav Ernsting das Foto mit den beiden Schwestern und seiner BMW Isetta aufgenommen.

Nach der Schule posieren die beiden Freundinnen Edith Beisemann (rechts) und Ursula Kühl stolz vor der neuesten Errungenschaft des Nachbarn: einem Borgward Hansa 1500. Entstanden ist das Bild in den 1960er-Jahren auf der Gräulinger Straße.

Auf einem „Laufsteg" auf der Gräulinger-/Ecke Schöllerstraße präsentieren Christa Bayer (heute Luhnau) und Monika Fuchs keck die Mode des Jahres 1963 für das private Fotoalbum. Dass das Foto ein wenig unscharf ist, machen die beiden Models locker wett!

9

GERRESHEIMER LEBEN

VON FEIERN, SCHULEN, SPORT UND KULTUR

Was macht einen Stadtteil wie Gerresheim aus? Natürlich die Menschen, die hier leben. Dieses Kapitel bietet einen Einblick in das Leben und den Alltag der Gerresheimer.

Mit ernster Miene zeigt der „Knaben Handfertigkeits-Kursus an der kath. Schule zu Gerresheim-Vennhausen, Jahrgang 1897/1898" sein Können. Um ein Verwackeln der Aufnahme zu vermeiden, mussten alle ganz stillstehen.

Diese Jungenklasse ging 1927 am Kölner Tor zur Schule. Zwar sucht man eine konfessionelle oder staatliche Schule in dieser Straße vergebens, es könnte sich aber um eine der privaten Familienschulen handeln, die es seit 1905 aus der Not heraus in Gerresheim gab.

Wieder ein Foto, auf dem die Kinder und Lehrer mit ernstem Blick in die Kamera schauen. Wir wissen zwar, dass die Aufnahme in einer Gerresheimer Schule entstand, aber nicht, in welcher. Denkbar wäre die Schule an der Morper Straße. An der Wand hängt eine Karte, die die deutschen Kolonien zeigt. Somit muss das Foto vor 1914 entstanden sein, vermutlich kurz nach der Jahrhundertwende.

Auf dem Hof der 1881 erbauten katholischen Volksschule an der Schönaustraße wurde dieses Foto der Klasse 5 zur Erinnerung an die Schulzeit um 1920 aufgenommen. Streng blickt der Lehrer Giertz in die Kamera und wacht über seine Jungen.

Das ist eines der wenigen bekannten Fotos einer Klasse der Schule an der Morper Straße, aufgenommen um 1917. Es wurde lange Zeit in einem Portemonnaie zur Erinnerung bewahrt. Neben dem Mädchen vorne rechts ist eine schwache Markierung zu erkennen. Leider sind keine weiteren Details zu dieser Aufnahme bekannt.

Auf diesem um 1920 entstandenen Klassenfoto sind 45 Mädchen zu sehen. Mittendrin sitzt Margarethe Heinen. Sie ging auf die katholische Volksschule Unter den Eichen.

Das Lehrerkollegium der Volksschule an der Schönaustraße auf dem Schulhof. Selbstverständlich wurde damals in Anzug, mit Krawatte oder Fliege unterrichtet. Lehrer Giertz (vorne rechts) ist uns bereits ein paar Aufnahmen zuvor begegnet. Hier wirkt er etwas älter.

Artig, mit gefalteten Händen sitzen die Mädchen 1952 in der evangelischen Schule auf der Benderstraße. Fräulein Sundermeier war Lehrerin in der heutigen Hanna-Zürndorfer-Schule. Mittendrin sitzen Edith Aßmann (heute Beisemann) und Ursel Höfer (heute Kühl). Beide sind immer noch gute Freundinnen.

Sieben Jahre liegen zwischen diesem Abschlussfoto von 1959 und dem vorherigen Bild: Wieder sind Fräulein Sundermeier, Edith Aßmann und Ursel Höfer zusehen. Hinzugekommen sind ein paar Jungen und der Lehrer Bäß.

Das ist eines der seltenen Fotos von der Schule an der Morper Straße. Anfang der 1930er-Jahre ließ sich Herbert Winkelmann auf dem Schulhof fotografieren. Dort, wo sich heute Im Brühl der Parkplatz eines Zoofachmarkts befindet, stand die im Krieg zerstörte Schule.

Elisabeth Neuhaus (geb. Wilhelm) sitzt auf diesem Klassenfoto aus dem Jahr 1948 in der zweiten Reihe (3.v.l.) auf dem Hof der Schule Unter den Eichen.

1959 wurde der Grundstein für den Neubau des Gerresheimer Jungen-Gymnasiums zwischen Gräulinger Straße und Am Poth gelegt. Karl Heinz Bott hielt dieses Ereignis im Foto fest. Zuvor war die Schule seit 1947 provisorisch an der Schönaustraße untergebracht.

Vor der Gustav-Adolf-Kirche haben sich Konfirmanden, darunter Hildegard Meschke, um 1936 für ein Erinnerungsfoto aufgestellt. Rechts vor der Eingangstür steht Pfarrer Grimm. Einige Kinder tragen HJ-Uniformen.

Auch neben der evangelischen Gustav-Adolf-Kirche musste eine Hakenkreuzfahne aufgestellt werden. Bei den Konfirmanden handelt es sich ausschließlich um Mädchen, Pfarrer Grimm steht am Rand. Einige Mädchen tragen BDM-Uniformen.

Ein paar Jahre nach dem Krieg stehen Pfarrer Grimm und seine Konfirmanden, dieses Mal allesamt Jungen, vor der inzwischen weiß gekalkten Kirche.

Diese Hochzeitsfeier fand um 1915 in den Arbeitervierteln der Glashütte statt. Das glückliche, uns leider unbekannte Brautpaar ist umringt von Familienmitgliedern, alle halten still für den Fotografen. Bemerkenswert ist nicht nur der Matrosenanzug des Bräutigams, sondern auch der Schnauzbart des Herrn rechts.

1947 heirateten Helga, geb. Meschke, und Hermann Räuber. Anschließend feierte man an der Heckteichstraße 11 mit der Familie und ließ sich bei dieser Gelegenheit ablichten.

Hier haben sich die Brautleute Therese, geb. Pfaff, und Paul Leisten an ihrem Hochzeitstag im Mai 1900 ablichten lassen.

Im Mai 1950 feierten Therese und Paul Leisten in der Gustav-Adolf-Kirche ihre Goldene Hochzeit.

Die Hochzeit von Theo Neuhaus und Elisabeth, geb. Wilhelm, fand am 3. September 1955 in St. Margareta statt. Die Trauung am Hochaltar hatte Pastor Aloys Büth vollzogen.

Ein Jahr zuvor war die Kirche wegen umfangreicher Restaurierungsmaßnahmen gesperrt. Deshalb stehen Günther Wilhelm und Hedwig, geb. Gotzen, sowie die Hochzeitsgesellschaft vor der Notkirche, die sich in Form eines Zeltes neben der Kirche befand.

Dieses Paar, das Anfang der 1950er-Jahre im Standesamt Gerresheim heiratete, kennen wir nicht namentlich, aber es ließ sich nach der Zeremonie vor dem Rathaus fotografieren. Erst seit Kurzem kann hier wieder geheiratet werden. Bleibt zu hoffen, dass der Feuermelder rechts selten Verwendung fand.

So sah das Trauzimmer aus: Ein Strauß Blumen zierte den nüchternen Raum. Herbert und Waltraut Winkelmann (geb. Blum) gaben sich hier am 1. August 1953 das Ja-Wort.

Das Fest im Volksgarten an der Glashütte fand in den 1930er-Jahren statt. Im Hintergrund alte Häuser an der Heyestraße, links das Gebäude Ecke Heye-/Nachtigallstraße, in dem sich bis vor kurzem eine Videothek befand.

Auf dem damaligen Platz im Volksgarten tanzt in den 1920er-Jahren vergnügt eine Mädchengruppe. An diesem Ort errichteten französische Kriegsgefangene 1942 den Hochbunker.

Eine etwas andere Sicht auf die 1909 erbaute und 1944 niedergelegte Kirche St. Katharina: Der Schützenkönig kommt in den 1920er-Jahren anlässlich der Fahnenweihe aus der Kirche und wird vom Regiment begrüßt.

Auf der Von-Gahlen-Straße fanden sich 1942 Wehrmachtstruppen mit ihren geschmückten Fahrzeugen ein. Sie waren auf dem Weg zum Gerresheimer Bahnhof zum Abtransport in Richtung Ostfront.

Junge, fröhliche Leute beim Feiern. Die Aufnahme entstand während des Krieges, die Plane vor dem Fenster diente der Verdunkelung. Die nachdenklich wirkenden Mienen der beiden Frauen rechts stehen im Kontrast zu den anderen.

Vor einem Gartenpavillon ließ sich die Familie Thilker fotografieren: Links außen steht Luise Thilker, gefolgt von ihren Töchtern Lydia, Else, Elfriede und ihrem Mann Carl. Die Aufnahme ist um 1940 entstanden.

Vor dem geschmückten Pfarrhaus posieren Gerresheimer Persönlichkeiten: vorne sitzend (2.v.r.) Pastor Jakob Schlecht, rechts daneben sitzt Vikar Schaaf. Auf das Fahrrad lehnt sich Lehrer Giertz, links neben ihm steht der Postverwalter Carl Wewer. Zwischen den Geistlichen in der Bildmitte steht Friedrich Höltgen. Geisterhaft erscheint der weiß gekleidete Herr – er wurde später in das Bild montiert.

An der katholischen Grundschule Unter den Eichen gab es eine Station der Fronleichnams-Prozession.

Pastor Aloys Büth mit Kommunionkindern am Alten Markt. Am rechten Bildrand ist das Gelände zu erkennen, auf dem die Gaststätte „Zum Rosenbaum" stand, die 1944 durch Bomben zerstört wurde.

Am 7. Juni 1959 war Kardinal Josef Frings aus Köln in Gerresheim zu Gast, um einen neuen Altar in der Stiftskirche zu weihen. Die Geistlichkeit zog vom Pfarrhaus am Neußer Tor am Rathaus vorbei zur Kirche.

„Dat is ne Wolke" steht auf einem Wagen des Gerresheimer Karnevalsumzugs. Im Hintergrund befindet sich die Neanderapotheke an der Benderstraße 17.

Für uns völlig sinnfrei: „Suche meine Frau – Helau. Ein Schiff wird kommen." Klarer ist der Ort des Geschehens: Im Hintergrund ist der Feinkostladen von Willy Schlichting an der Heyestraße 109 zu sehen.

Den Umzug sahen sich auch die Anwohner der Straße Unter den Eichen an, hier die Familie von Theo und Elsbeth Neuhaus.

Anschließend feierte Familie Neuhaus ausgelassen im heimischen Wohnzimmer weiter.

„Es gibt nur ein Heim und das ist Gerresheim". Muss dazu mehr gesagt werden, außer, dass der Anhänger ein schönes Modell von Neusser Tor, Basilika und Quadenhof transportiert und die Aufnahme um 1965 entstanden ist?

Fast an der gleichen Stelle wurde zu Karneval dieses Foto geschossen. Der Mottowagen ist nicht ganz so interessant. Sicherlich aber das Vorgängerhaus an der Ecke Bender- und heutiger Neunzigstraße, wo gegenwärtig die Stadtsparkasse residiert. Otto Mess gibt es, auch an der Benderstraße, schon lange nicht mehr.

1970 feierte man 1.100 Jahre Gerresheim mit einem Festumzug, den sogar das WDR-Fernsehen filmte. Diese koreanische Gruppe nahm in ihren traditionellen Gewändern teil. Es handelt sich um Krankenschwestern, die in Korea für den Betrieb des neueröffneten Gerresheimer Krankenhauses angeworben worden waren.

Schotten in Gerresheim? Auch wenn es 1963 zu Karneval war, die Dudelsack-Klänge waren echt! Wahrscheinlich gehörten die Männer der britischen Rheinarmee an.

Im Anschluss an den Veedelszoch feierte man oft in den Geschäftsräumen an der Bender- und Heyestraße weiter, so wie hier im „Salon Walter" an der Benderstraße.

Beim Schützenumzug auf der Heyestraße, hier zwischen Unter den Eichen und Künnestraße, entstand diese Aufnahme. Sehr interessant ist der Hintergrund. Links neben dem „Konsum"-Geschäft ist die Esso-Tankstelle mit angeschlossener Werkstatt von August Breuer zu sehen.

In den 1960er-Jahren sah es zwischen Flachsmarkt und Altem Markt anders aus. An der Stelle des linken Gebäudes befinden sich heute ein Schnellimbiss und ein Eiscafé. Damals fuhren hier noch Autos, Busse und Straßenbahnen. Bei diesem Umzug dominierten Pferde das Straßenbild. Die Damen haben sichtlich Spaß.

Unter der Herrschaft der Nationalsozialisten wurde alljährlich Ende September ein „Erntedank- und Heimatfest" abgehalten. Hierbei gab es Umzüge und Aufführungen. Diese Gruppe im Volksgarten an der Glashütte stellte das damals ideologisch verfälschte Germanentum dar.

Anlässlich der 700-Jahr-Feier der Stiftskirche im Jahre 1936 wurde im Rahmen einer Festwoche die Geschichte Gerresheims in einem Theaterstück dargestellt. Die Vorführung fand in der Gastwirtschaft der Geschwister Wahl im sogenannten Louisensaal an der Benderstraße statt. Hier ließ sich die Spielschar Gerresheim vor dem Saaleingang ablichten.

Bei dieser Schauspielgruppe aus Gerresheim handelt es sich um Mitglieder des Theatervereins „Apollo".

Bei einem Umzug auf der Heyestraße in den 1930er-Jahren ließen sich die Mitglieder des Turn- und Sportvereins Gerresheim von ihren Mitbürgern bewundern. Die Polizei sorgte für Ordnung am Straßenrand.

Am 16. Mai 1901 wurde die Freie Turnerschaft Gerresheim gegründet. Die Männer bilden eine starke Übermacht. Obwohl die Sportler hier wohl nur wenige Jahre nach der Vereinsgründung abgelichtet wurden, ist die Mitgliederzahl bereits beachtlich.

An der Torfbruchstraße, in Höhe der Josef-Neuberger-Straße, wurde in den 1950er-Jahren Feldhandball gespielt. Den Platz und das Denkmal im Hintergrund, auf dem der „T.V. Frisch Auf" seiner Toten gedenkt, gibt es noch. In der mittleren Reihe ganz links steht Gerd Geier. Die Knicke weisen darauf hin, dass er das Foto in seiner Brieftasche trug.

Noch ein Foto vom Sportplatz an der Torfbruchstraße, dieses Mal aus den frühen 1980er-Jahren. Der Herr mit dem hellen Mantel und der Schlaghose ist der spätere Düsseldorfer Oberbürgermeister Erwin. Er durchschneidet hier medienwirksam ein Band.

Eines der wenigen Fotos vom Inneren des Gerresheimer Schwimmbades, das von 1961 bis 1994 an der Märkischen Straße in Betrieb war. Synchronschwimmer zeigen bei einem Wettbewerb ihr Können.

Tour de France in Düsseldorf? Tatsächlich führte Ende der 1970er-Jahre ein Radrennen durch Gerresheim. Über das holprige Kopfsteinpflaster der Straße Unter den Eichen zu fahren, war sicherlich kein Vergnügen. Wobei: Die Zieleinfahrt auf dem Champs-Élysées findet auch auf Kopfsteinpflaster statt!

10

BACKSTEINE AUS GERRESHEIM
DAS DÜSSELDORFER ZIEGELEIZENTRUM

Ab den 1890er-Jahren produzierten bis zu acht Ziegeleien gleichzeitig an der Bergischen Landstraße. Die rauchenden Schornsteine der Öfen, die Trockenschuppen und Abraumhalden prägten die Landschaft. Heute stehen dort nur noch die Fragmente des Ringofens der Ziegelei Sassen. Er ist der letzte von einst über 40 rund um Düsseldorf. Stelen des Förderkreises Industriepfad Düsseldorf-Gerresheim e.V. und Fotos bewahren die Erinnerung an dieses Stück Industriekultur.

Dicht an dicht produzierten bis zu acht Ziegeleien gleichzeitig Ziegel für Düsseldorf. Das Luftbild aus den 1950er-Jahren zeigt die Trockenschuppen und Ringöfen der Ziegeleien Kehne, Sassen und Niermann. Übrig geblieben ist nur ein Teil des Ringofens der Firma Sassen.

Das Herstellen von Ziegelsteinen war mit schwerer körperlicher Arbeit verbunden. 80 Ziegelsteine auf einer beladenen Schubkarre wogen um die 260 Kilogramm. Ganz vorne steht eine Karbidlampe, mit der die dunklen Brennkammern ausgeleuchtet wurden. Ziegelmeister Heinz Klöpper (3.v.l.) und Heini Sölters (2.v.r.) arbeiteten in den 1930er-Jahren in der Ziegelei Florack.

Den müden Gesichtern nach zu urteilen, wurde das Foto kurz nach Arbeitsende gemacht, das Arbeitsergebnis ist im Hintergrund zu sehen. Mit Pfeife und einem Fläschchen Bier freute man sich auf den wohlverdienten Feierabend. Heinz Klöpper und Heini Sölters stehen in der hinteren Reihe (2. und 3.v.l.).

1995 befand sich der letzte von weit über 40 Düsseldorfer Ringöfen noch in halbwegs komplettem Zustand.

Dieses interessante Motiv oberhalb der Brennkammern hat der Fotograf Gerhard Krüll aufgenommen. Zu sehen sind die Befeuerungsöffnungen auf dem Brennofen. Jahrelange Erfahrung war nötig, um die Temperatur der einzelnen Brennkammern zu regeln.

Obwohl das für Düsseldorf industriegeschichtlich bedeutende Gebäude unter Denkmalschutz stand, zerfiel es zunehmend. Das Dach war 2005 schon großflächig zerstört, sodass
die Brennkammern ungeschützt der Witterung ausgesetzt waren. Zwei Jahre nachdem diese
Aufnahme gemacht wurde, musste nach dem Sturm Kyrill aus Sicherheitsgründen das kom-
plette Dach abgerissen werden.

2011 sanierte die Firma Hoch Tief die nördliche Apsis der Brennkammer sowie den Schorn-
stein mit viel Aufwand. Initiator war der Förderkreis Industriepfad Düsseldorf-Gerresheim
e.V. In der ehemaligen Brennkammer wird ein Ziegeleimuseum eingerichtet.

11

WASSER MARSCH
GERRESHEIMER BRANDBEKÄMPFUNG

Lange hat es gedauert. Trotz vieler Stadtbrände, vor allem im 16. und 17. Jahrhundert, bei denen ein Großteil Gerresheims den Flammen zum Opfer fiel, wurde erst 1875 die Freiwillige Feuerwehr Gerresheim gegründet. Wenig später folgte die Werksfeuerwehr der Glashütte. Die Düsseldorfer Berufsfeuerwehr bezog 1966 die Feuer- und Rettungswache 8 an der Gräulinger Straße.

Otto Edmund Bender, der von 1874 bis zu seinem Tod im Jahr 1904 Bürgermeister von Gerresheim war, steht hier inmitten der Freiwilligen Feuerwehr Gerresheim.

Das alte Stiftsgebäude wurde nach der Aufhebung des Stifts als Stall, Schule und auch als Hospital und Altersheim genutzt. Zeitweise hatte die Gerresheimer Feuerwehr hier ihre Zentrale mit Schuppen und einem Turm zur Trocknung der Schläuche. Eindrucksvoll demonstrieren die Feuerwehrmänner bei einer Übung ihr Können.

Wenige Jahre später gibt sich das Stiftsgebäude weiterhin trostlos, lediglich der hölzerne Trockenturm links wurde durch einen neuen ersetzt.

Im Sommer 1925 feierte die Feuerwehr Gerresheim ihr 50. Jubiläum mit einem großen Festumzug, an dem auch Feuerwehren aus dem Umkreis teilnahmen. Zu den Festivitäten gehörte auch eine öffentliche Übung an der Volksschule an der Schönaustraße. Hier befindet sich der Zug gerade am Anfang der Gräulinger Straße. Im Hintergrund ist der „Düsseldorfer Hof" von Alois Fenger zu sehen, in dem selbstverständlich ein Umtrunk stattfand.

Da bei der Arbeit an der Glaswanne stets ein hohes Brandrisiko bestand, wurde in der Glashütte 1879 eine Werksfeuerwehr gegründet, die im Ernstfall zur Stelle war. Zum 75. Jubiläum im Jahr 1954 präsentierte man sich stolz dem Fotografen.

Neben Fahrzeugen und Arbeitsgeräten zeigte die Werksfeuerwehr auch ihre musikalische Seite. Das „G" mit Krone war stets dabei.

1972, sechs Jahre nach Eröffnung der Feuer- und Rettungswache 8 an der Gräulinger Straße, entstand diese Aufnahme. Fans historischer Feuerwehrfahrzeuge kommen hier sicherlich auf ihre Kosten (v.l.n.r.): Löschgruppenfahrzeug Magirus 170 D 11 LF 16 (1970–1995), Drehleiter Mercur 125 DL 30 (1959–1979), Tanklöschfahrzeug Magirus S3500 LF 15 (1954–1974) und Krankentransportwagen Daimler Benz 220 D/8 (1972–1978).

12

GLAS AUS GERRESHEIM
DAS GEKRÖNTE „G"

Über 140 Jahre lang prägte die 1864 gegründete Gerresheimer Glashütte den Ort und die Menschen. Zeitweise war sie die „größte Flaschenfabrik" der Welt. Übrig geblieben sind Erinnerungen und Geschichten, aber auch das unter Denkmalschutz stehende Ensemble Elektroschaltzentrale, Kesselhaus und Wasserturm.

So sah der Arbeitsplatz von Herbert Winkelmann (links, stehend) und Helmut Kunkel (vorne, auf dem Boden) in der Glashütte aus. In der Pause gönnte man sich, in den 1950er-Jahren noch erlaubt, ein Fläschchen Bier – natürlich aus einer Flasche mit Bügelverschluss. Auf der Anlage im Hintergrund werden übrigens gerade Milchflaschen produziert.

Aus den 1950er-Jahren stammt diese stimmungsvolle Werksansicht der Glashütte: Links im Vordergrund die ehemalige Siedlung Altstadt, die in den 1970er-Jahren zugunsten eines großen Parkplatzes abgerissen wurde. Das gleiche Schicksal ereilte den Rheinischen Bahnhof am rechten Bildrand, der an der Cöln–Mindener Strecke und der heutigen Torfbruchstraße lag.

Die Perspektive dieses Fotos von 1956 ist heute kaum noch nachvollziehbar. Bahnhofsgebäude, Elektroschaltzentrale, Kesselhaus und der 1966 neu errichtete Wasserturm stehen seit einigen Jahren unter Denkmalschutz; die 1891 errichtete Fußgängerbrücke wurde Ende 2011 abgerissen.

Dieses schöne Bild wurde auf der Straße Nach den Mauresköthen aufgenommen. In der Bildmitte ist der alte Wasserturm zu sehen, der 1964 nach einem Brand in einer angrenzenden Verpackungshalle abgerissen werden musste.

In der Bildmitte steht der markante Wasserturm von 1954, ein wenig weiter rechts der Rheinische Bahnhof und unterhalb des Hochbunkers liegt die Siedlung Altstadt.

Zwischen dem vorherigen Bild und dieser Aufnahme aus den späten 1970er-Jahren hat sich einiges verändert. Ein schnittiger Ford Capri verlässt gerade das Werksgelände durch den Haupteingang der Gerresheimer Glas AG. Wo sich noch wenige Jahre zuvor rechts die Siedlung Altstadt erstreckte, breiten sich nun die bereits erwähnten Parkplätze aus.

1970 hatte man vom heutigen Wasserturm diese Aussicht: Links befindet sich der Rheinische Bahnhof, gefolgt von Heyebad und Bunker. Das Foto zeigt die Ausdehnung der Siedlung Altstadt, wo die ältesten Werkswohnungen standen. Heute verdeutlicht ein Gang durch die sanierte Siedlung Neustadt, welches Potential auch eine Rettung der Altstadt gehabt hätte.

So sah der Rheinische Bahnhof von der Torfbruchstraße betrachtet aus. Etwas undeutlich ist am linken Bildrand eine Lokomotive zu erkennen.

Am 6. Juli 1967 wurde die ausrangierte Werkslok „Ferdinand Heye" feierlich vom damaligen Chef der Glashütte, Niels von Bülow, eingeweiht. Die Werkszeitung schrieb seinerzeit, neun Sekunden nach der Einweihungsrede seien von dem für die Gerresheimer Jugend bestimmten bunten Großspielzeug nur noch die Puffer erkennbar gewesen.

Nein, es gab keine zweite Spielzeuglok. Tatsächlich wurde die „Ferdinand Heye" nach dem Abriss der Siedlung Altstadt auf die andere Straßenseite versetzt. Die Aussicht vom oberen Geschoss des Heyebades ist heute eine ganz andere. Bis zur zukünftigen Bebauung des Glashüttengeländes blickt der Beobachter auf eine Industriebrache.

Einige Details, auch für Nicht-Eisenbahnfreunde: Das Foto zeigt die Rangierlokomotive „Ferdinand Heye", als sie noch unter Dampf stand. 1890 von der Hohenzollern AG in Flingern gebaut, war sie von 1891 bis 1965 auf dem Werksgelände der Glashütte im Einsatz. Dabei legte die Lok mit der Seriennummer 568 eine Strecke von etwa 1,2 Millionen Kilometern zurück.

Die Gerresheimer Glashütte besaß eine eigene Werkstatt für die Werkloks. Hier ist die 1910 in Dienst gestellte Dampflok „Alice Heye" zu sehen, die nach der Ehefrau von Hermann Heye, dem Sohn des Firmengründers, benannt und ebenfalls von der Hohenzollern AG gebaut wurde. Um 1930 entstand das Foto der aufgebockten Lok.

Der Stolz der Männer auf ihre „Alice Heye" ist kaum zu übersehen. Die Glasflaschen im Vordergrund sind mit Strohlagen geschützt und warten auf den Abtransport. Das Schild „Vorsicht Glas" hinter der Lok spricht für sich.

1950 kam Herbert Winkelmann zur Glashütte. Dort arbeitete er zunächst als Maschinist, später als Qualitätsprüfer. Im Rahmen der Qualitätssicherung war es seine Aufgabe, Flaschen aus der laufenden Produktion auf vorgegebene Qualitätsmerkmale zu prüfen und die Ergebnisse zu dokumentieren. Nach fast 40 Jahren ging er in den wohlverdienten Ruhestand.

Heutzutage nur schwer vorstellbar: In einer Produktionshalle findet eine feucht-fröhliche Feier statt. Die wahrscheinlich in der Glashütte hergestellten Flaschen auf dem Tisch verließen die Hütte in leerem Zustand. In einer Brauerei mit Gerstensaft befüllt, kamen sie voll zurück, um die Glashütte später wieder leer zu verlassen …

Leonardo Labanca kam am 15. Februar 1962 mit nur einem Koffer aus dem süditalienischen Terranova di Pollino nach Gerresheim und arbeitete lange in der Glashütte. Am 15. Februar 2012 lud der ehemalige Gastarbeiter zu seinem 50. Gerresheim-Jubiläum Verwandte, Freunde und Bekannte zu einer großen Feier ein.

An der Stelle, wo sich ursprünglich an der Heyestraße das Ferdinandheim, ein Altenheim für ehemalige Mitarbeiter der Glashütte, befand, wurde 1963 das neue Verwaltungsgebäude der Glashütte gebaut. Heute nutzt, hinter moderner Fassade, die Unfallkasse Nordrhein-Westfalen die Räumlichkeiten. Im Erdgeschoss befinden sich ein Laden für „Haarmoden" sowie ein „Spezial Herrensalon".

Das Ferdinandheim zog 1955 zur Manthenstraße um. In Kürze wird auch dieser Standort der Vergangenheit angehören, es steht der Umzug zum Apostelplatz an. Dort, wo einst die Apostelkirche stand, wird die Diakonie ein neues Altenzentrum errichten.

Die Wohnungen der Siedlung Sichel- und Manthenstraße gehörten ebenfalls zur Gerresheimer Glashütte. Auf dem 1955 aufgenommenen Foto ist in der Mitte die auf der Heyestraße stehende Villa Hermens noch mit Turm zu sehen. Dieser fiel später einem Brand zum Opfer.

1896 kam der Glasmacher Karl Volkmann mit seiner Frau Amalie und den drei Kindern Helene, Marie und Willi aus dem Baltikum nach Gerresheim, um in der Glashütte zu arbeiten. Im gleichen Jahr ließen sie sich von einem Fotografen ablichten.

Ende des 19. Jahrhunderts kamen viele Fachkräfte aus dem Baltikum und den östlichen Gebieten des Reiches zur Gerresheimer Glashütte. Hierzu zählte auch diese Belegschaft einer Glaswanne. Stolz präsentieren sie ihre Glasmacherpfeifen und einige Produkte ihrer Handwerkskunst. Auch Halbwüchsige arbeiteten damals in der Glashütte.

BÜCHER AUS DÜSSELDORF

Düsseldorf entdecken. Discover Düsseldorf
Thomas Bethge und Kirsten Hinte
ISBN: 978-3-86680-972-7 | 14,95 € [D]

**Die Gumbertstraße von Klein-Eller
bis Eller-Mitte**
Ulrich Brzosa
ISBN: 978-3-95400-095-1 | 18,95 € [D]

Düsseldorf-Oberkassel
Fritz Aurin und Dieter König
ISBN: 978-3-89702-576-9 | 17,90 € [D]

Oberkassel persönlich
Geschichten aus dem Veedel
Fritz Aurin und Dieter König
ISBN: 978-3-86680-518-7 | 17,90 € [D]

Pitter Muggel
Ein Leben in Oberkassel
Fritz Aurin
ISBN: 978-3-86680-941-3 | 16,95 € [D]

Weitere Bücher aus Ihrer Region finden Sie unter:
www.suttonverlag.de

SUTTON
VERLAG Wir machen Geschichte